Les Maux Témoins

Anne Clément

Les Maux Témoins

Recueil

LE LYS BLEU
ÉDITIONS

ISBN : 979-10-422-2391-5

De la même auteure

L'inconnu de Redondo, roman, Le Lys Bleu Éditions, février 2024.

À mes parents Claude et Christiane
À Mia
Pour toujours

Avant-propos

J'ai commencé à écrire *Les Maux Témoins* il y a bien des années.

La jeune femme que j'étais alors trouva dans la poésie une façon d'exprimer ses révoltes, mais aussi son goût pour les voyages et sa fascination pour les toiles de maître. C'est une trame poétique éclectique qui exprime des émotions à fleur de peau, une liberté de pensée.

Ces textes m'ont accompagné tout au long de mes années de femme. L'âme de ce recueil réside dans la simplicité de son désordre et dans la nervosité de ses paroles. Dans ses cris, parfois.

Je vous offre donc ces maux témoins d'une vie, de vos vies, d'un monde bousculé, parfois chaotique, mais foisonnant de l'énergie fascinante qui le caractérise.

Les cosses en carton

Il y a dans l'air
Comme des graines de farine
Des cosses de pois
Et quelques vapeurs de carton
Il y a dans l'air
Des clous en ribambelle
Et des chaînes de coton

Quel air est-il Madame ?
Un air de banjo
Sur la jetée
Avez-vous l'air d'en être ?

Qui sait ce qu'il s'y trouve
Des pois, clous et cotons
Des pellicules aussi
Des pellicules de banjo
Qui jouent à la marelle
Entre les notes
Qui s'accrochent
Aux vapeurs de carton

Quel air !
Quelle ère, Madame au grand chapeau !
Ça chante encore
Du côté du banjo
Entendez-vous ?
Penchez-vous…

Attention aux clous
Surtout

Écoutez du côté des rizières
Ce sont des grelots
Des grelots qui s'épanchent
Cette fois

Comme c'est charmant !
C'est entre les mots
Pourtant
Qu'ils jouent à la marelle

N'y a-t-il rien à dire ?
Détrompez-vous Madame
Madame et ses chapeaux
Ses chapeaux à pois
À cosse de pois

Penchez-vous encore
Évitez les vapeurs
Les vapeurs de carton
Qui emboîtent les cosses

C'est elle
C'est lui
Ce sont eux
Qui marchent, rampent et trébuchent
Qui se terrent et s'interfèrent

Des clous à pois
Et des cosses en carton
Dans une vapeur de souffles
Qui s'entremêlent
Et se dévisagent

Rien à dire en êtes-vous sûr ?
Baissez-vous…
Un peu plus bas s'il vous plaît
Encore un peu…
Et maintenant
Voyez-vous ?

L'opale

Imaginez une opale
Barbouillée de Genèse
Un cercle mythique
Polaire et reculé
Estampillé de vide

Prières et transes
Bougies et tabernacles
Les vitraux cartésiens
Inspectent la science
La jugée
La démontée

Les savants agnostiques
Drapés dans leurs orgueils
Sourcilleux et exigeants
Dictent la loi nouvelle

Équerres en leurs mains
Pointés vers les croyances
Invisibles et divisées
Ils saupoudrent le doute

Les clous s'effeuillent alors
Sans bruit ils se détachent
Jonchent l'autel d'épines
Et brisent la pierre inculte

Écoutez !
Pieux raisonnés !
Écoutez les distancés des âges
Qui ramassent les clous

Un bruit de métal
Résonne en la cathédrale
Il s'aime quelques miettes
Quelques prières
Et quelques guerres

Les bâtisseurs s'agenouillent
La science pointe son étoile
Illumine la lumière
Et proclame aux déshérités
« Construisons ensemble ».

L'aige

C'est un aigle sans ailes
Un aigle sans « L »
Royal, dévoué, nu
Cloué au soleil

Son répit se consume
Grave et terrestre
Dans son habit de cendres
Il s'invente en un mot

C'est un aigle sans ailes
Dans un soleil sans ciel
Qui conjugue l'air
Sur un mode en sursis

Un aigle sans « L », un aige
Sursitaire
Subsidiaire
Comme une question
Qui ne le porte plus

Il suffoque, nu
Un répit l'aveugle
Il ne sait déjà plus
Darder le feu sacré

Car il s'élance
À tire d'ailes
Vers cet idéal
Qui existe encore
Pour clouer les aigles
Les aigles qui s'épinglent
Au-dessus
Très haut
Sans « L »

Vous qui recherchez la lumière
Dans le triangle ou dans l'équerre

Sachez reconnaître l'aige
Grave et terrestre
Dans son habit de cendres

Il est là
Dans une cerise…

Voyages

Je revois les mémoires
Celles des jours sans pluie
Par-delà le présent
Je me souviens encore…

D'une montagne grignotée
Par un soleil sans ciel
Nuages rugissants
Une tempête s'émerveille

Dans le chaos des images
Le sable et l'océan
Exhalent une magie
Que l'on appelle voyage

Et les yeux grands ouverts
Contemplent l'illusion
D'une terre plate
Et d'un monde clos

Car les épices entêtantes
Ébruitent les couleurs
Les rires et les langages
D'une ruelle d'Orient

Les rondeurs émeraude
D'une rizière endormie
Épuisent la chaleur
Du Delta des dragons

Il y a le bruissement
De pigeons infidèles
Sur les dalles brillantes
D'une Sérénissime

Il y a le galop
De tant de chevaux
Dans les gorges profondes
D'un Monde Nouveau

Et je vole
Vole…
Une insolente envie
Se libère dans l'âme
D'une planète qui s'offre
Dans toute sa beauté

Voyages !

Dans le sablier
D'une vie que trop droite
Et d'une fatigue angulaire

Chemins et sentiers
Boussoles et voiliers
Flibustiers du lointain

Bousculent la dignité
Des instants ordinaires
Et offrent l'ivresse
Là où le rêve s'endort…

Miroir

C'est une femme
Qui affine sa porcelaine
Allonge ses couleurs
Et saupoudre l'agonie

Il y a des éclats
De nacre et de rondeurs
Qui tourbillonnent en flacons
Et retombent en cheveux

Ses yeux frangés
S'érigent en émois
Une gazelle de mousse
Qui s'épanche en flocons

Nue et déposée
Elle confesse ses pudeurs
Alanguie sous l'écrin
Qui s'efface en sueur

C'est une femme
D'échos et de plaisirs
Femme de poudre
Et de bannières
D'ombre
Et de lumière
De miel et de Paris

Femme de lait
Ou de plumes
Petite môme en noir
Qui console les Milords
Ou blonde Ophélie
Qui glisse tout de long

Femme de joie
Ou de bonheur
Qui brade ses croquis
Une femme encore
Entrouverte et aimante
Entre vos bras cueillie

Une femme enfin
Cascade inépuisable
De douleurs enfantines
Ou de contes indécents
Qui s'envole et libère
Quelques mots
Inconséquents

Femme de lettres
Et de missives
De fioles
Et de compas
Femme en fleur
Ou en passé
En lignes et enfin…

Une femme nue devant son miroir.

L'incandescent

Au tout début du monde
Il s'engendre et se retire
Rebelle en ses formes
Il arrondit les espaces

Un homme incandescent
En quart
En tiers
Entière la Genèse
Décroise ses mimes
En la pierre engendrée

Le chaos initial
Solaire
Insulaire
Pioche en cadence
Les morceaux de visages

C'est un Homme
Une éthique
Au centre de la terre
Qui construit l'invisible

Quelle fulgurance alors
Une vérité nouvelle
Pèle les angles
Du noyau qui s'achève

Feu
Éternel
Prières et chandeliers
La colonne s'arrondit
Et s'émiette en paroles

L'Homme s'assemble
Il brandit déjà
L'existence ravageuse
De la fois première

Il sort du magma
Sans douleur aucune
Se patine encore
Il s'enroule et s'épelle
Au nom de tous les autres

Soudain en cette nuit
Le noyau se divise
S'émiette
Et la source jaillit
Pour ne jamais tarir

Des serpentins de pensée
S'arrachent au néant
Le souffle jaune
Crache les uniques
Les premiers de cordée

La tentation suffoque
En l'image féconde
Le mal délivré
Agonise en pardons

L'Homme remonte alors
Surmonte la colline
Et le cœur en croix
Susurre en triomphes
Enfin et en pleurs
« Ainsi soit-il ».

Les rondes

Intrépides !
Intrépides les amphores !
Le goulot amusé
Engendre les suaves

Le sautoir est rayé
Les perles se détachent
Elles roulent et se retournent
Et brandissent les coquilles

C'est un jaillissement
D'émail et de gouttes
D'ongles et d'ironie

En rang les statues !
La Vénus de Milo
Compte les perles nacrées
Giclées de leurs phobies

Le miroir énamouré
Arrondit la soumise
La ronde aux ongles limés

Dans l'amphore naufragée
Égouttée, affamée
À femme et…
À sens !

Étanche le collier
Détaché de ses bulles
Qui montent
Montent
Explosent enfin
En feu d'ordinaire
En colifichets
Bijoux de poupées
Sur Vénus éprouvée

Au-delà du goulot
Une femme et ses bijoux
Au fond de l'amphore
Une ronde et quelques bulles

C'est une femme
En colifichets
Une poupée émaillée
Qui se ronge les ongles
Ah, inconstance des élancées !

Le feu immolé

Des cendres
Descendre l'arc en terre
Immolé en ses veines
Insulté en ses failles

Un feu de paille
Progresse et pullule
Une étincelle sauvage
S'élance aux visages

Le feu immolé
Édicte sa Loi
Lape les incendiés
Dans l'après de l'histoire

Les hommes de conviction
Fascinés et blessés
En leurs nerfs aiguisés
Abattent les empires

Car le feu dément
Éternise le visible
Bannière en nos bras
Barrière en leurs crocs

Dans les griffes incendiées,
Millénaires
Vengeresses et sculpturales
La férocité s'agite

Feu sacré
Maître insolent
Sculpte les éparses
Érige les enfers
Et façonne le Savoir

Caverne obscure
La caverne de Platon
Mythe des muses et des eaux
Ces os calcinés
Initiés du soleil

Dans l'antre incompris
Le premier feu
Lacère les idoles
Comme le sang érudit
En la coupe écoulée.

Le moule et l'enfant

Des ondes qui dansent
Insidieuses et veinées
De marbre et d'enfance

Des vagues ondulées
Fondent et s'écoulent
Sculptent déjà le visage

Précieux et indécis
En son moule enduré
Le corps inventé
De l'enfant qui attend…

Les larmes fondent en âge
S'écoulent en nage
En nage d'ô
Soudain

Endure !

Le cri exulte
Veiné d'enfin
Il jaillit dans la lune
Dans la demi-lune
Entre cage et colonne

Dans le moule premier
Douleur extatique
D'un instant babil
Quand cage
Colonne
Et ô

Se font face
En âge d'eau
En nage d'enfin
D'enfant

Rouge
Veiné
Pétri
En son moule écoulé

L'enfant
L'enfin
Enduré de ses ondes
Ondulé de ses cris
Amour…

Les indemnes

Instruits en leurs estampes
Il y a les indemnes
Les trépassés du désastre
Les irradiés de la nuit

Les coupables sans stratège
Flottent dans le liquide
Ils se réinventent
Sans cesse

Insulaires et fragiles
En leur mèche infidèle
C'est un éveil indécis
Pour tous ces coupables

Les figurants s'évertuent
À prouver l'indicible
Les traîtres les noient
Les traînent dans leur pas

Sur la surface du monde
La vérité spongieuse
Attitrée, déraisonnée
Enlise la fuite
De tous ces écorchés

Fouettés en leur marche
Rebelles et infidèles
Les esclaves rampent
Aspergés de leurs actes

Dépouillés de leurs hymnes
Ils s'émoussent et trébuchent
Inspiration, expiration
Leur ombre est saccagée

Et les traîtres dilatés
Resserrent leurs insultes
Abreuvent les coupables
Qui triompheront un jour

Car dans le lointain
Pointe déjà le jour
Et la nuit effacée
Ressuscite les indemnes

C'est une loi qui s'écrit.

Québec

Sur le lac au miroir
Figé dans sa stupeur
Coule une glace éternelle
C'est la Province
Que l'on dit Belle

Il y a les oiseaux
Comme une habitude
Qui picorent les bleuets
Et bravent les caprices
D'un ciel impétueux

Savoureux automne
Un brin caverneux
Rugueux sous le sirop
Des couleurs éternelles
D'une forêt canadienne

La froideur est un mythe
Car sous le couvercle
Soupire une tendresse
À jamais exhalée
Dans le cœur québécois

Donnez-moi les cascades
Les villages oubliés
Les cabanes en rondins
Que l'on dit reculées
Au pays de l'érable

Je me souviens…
D'une ruelle enneigée
Silencieuse et recueillie
Au pied du grand château

Je me souviens…
D'un joli refrain
Un brin nostalgique
Dans le p'tit Champlain

Le français s'y déguste
Comme une friandise
Il se donne en chansons
Refrains entraînants

Et quand vient le froid
Le vent et puis le blanc
Quand s'abritent les cœurs
On se dit simplement…

Québec !
Viens m'enchanter encore
Comme une amitié qui s'illumine.

Derniers instants

À Mossie

Câline comme une extase ennemie
Caresse délicate en son seuil impotent
Se faufile, s'étire et s'innocente
Comme une goutte qui perle

Doucereuse jalonnée
D'un dansant refrain qui ne sait
Qu'une morte étreinte déjà s'écoule
Comme une goutte qui tombe

Charnelle torture
Qui s'amoncelle
Sur tant de blouses
Immaculées
Empourpre déjà
Un avenir qui s'appelle
Comme une goutte oubliée

Insidieuse et tordue
Funeste déchirure
En son corps déformé
Écartèle ses veines et
Ses traits
Ses traits
Comme une
Goutte
Goutte
De
Trop
De.

Sixtine

Les papillons volent
L'huile est sublimée
Neigeuses et bruyantes
Les couleurs exultent

Renaissance
Jaillissement de lumière
Michel-Ange l'a rêvé
Dans l'alcôve vaticane

Ce sont les volutes
Détachées des âmes
Brillantes et assoiffées
Celles qui brillent
Dans les livres d'histoire.

Un doigt pointé vers le ciel
Rose
Charnel
Puissant

Doigt d'intelligence
D'yeux larmoyants
Suprême intégrité
Là
Pointé
Dans la Capella

Flamboiement des siècles
Dieu créateur
Scintillement du plafond
Éclaboussé d'or

Croyez, inaptes !
À l'agnostique insolence
Des papillons
Au-dessus des âmes
Dévotes et éperdues

Au bord de l'ongle rose
Charnel
Puissant
Le jaillissement vertueux
Se perd encore
Entre les phalanges

Le jardin d'Eden
Offre enfin les fleurs
Et les délices songeurs
De ce Testament
Que l'on dit Ancien

Poudroiement et multitude
D'une foule imagée
Et les anges émerveillés
Qui se donnent la main

Angeli
Angeli
Gli Angeli nella capella

Une relique impudique
S'offre par-delà les âges
Bleu immaculé
Rose poudré
C'est une offrande ressuscitée.

La danseuse orientale

Il y a un secret
Une danse échevelée
Qui balaie et ventile
Cet embrase immature
Saupoudrée d'encens

Elle descend
Tout au long
Tout du long
Le long du corps
De la femme frangée

Enchevêtrée en ses perles
Sous l'extase étourdie
Perles d'Orient
Et d'origan
La danseuse orientale

Longue et ronde
Ronde de sa nacre
Longue de ses franges
C'est un air qui balaie
Mille parfums enivrants
Descend
Remonte et tournoie !
Elle ondule
Autour du diamant
Jongle de ses plis
Alignés sous la frange
Qui s'esclaffe en cadence

C'est un diamant
Au centre de la femme
La femme aux cils frangés
Frangés de noir
Sous la voûte étincelante

Envolée dans la nuit
La nuit de perles
Et d'origan
Elle balaie encore
Les derniers soupirs
D'une exquise félicité

La lune ondule alors
De ses brillants nacrés
Elle voile l'encens
Scintillant de perles
Celles qui remontent
Au firmament

Et au centre
Le diamant
Éternel
Immuable
Au centre de la femme
Ronde autour de la lune
Qui encercle la nuit

Il y avait un secret
Le secret du monde…

Abbé Pierre

Face à ce que l'on ose
Quand la plainte est trop fragile
Et l'entrave indélébile

Face à ce que l'on vit
Lorsque la faute est immonde
Et le cœur à l'arrachée

Face à ce que l'on pleure
Face à ce que l'on souffre
Pardonnez-nous nos excès

Bénissez plutôt nos larmes
Transparente et nivelées
Sur un visage sans armes

Offrez à ces courroucés
Libérés de leurs abîmes
Une évanescente épée
Et une candeur infime

Élevez haut votre âme
Éparpillez nos larmes
Qui ne sauraient nuancer
Dans leur humide épopée

Posez vos mains aimantes
Sur une plaie torturée
Apaisez cette innocente
Car elle a tout oublié

Par-delà une mémoire
Ancestrale et défaillante
La mémoire de tout un monde
Faible et vacillante

Vous brandissiez l'indulgence
Combattiez notre inconscience
Pauvre, mesquine, égarée
Qui voudrait pourtant vous pleurer :

« Face à ce que l'on ose
Quand la plainte est trop fragile
Et l'entrave indélébile
Pardonnez-nous une fois encore
Pardonnez-nous Monsieur l'Abbé ».

Le vieux

Au fond de son abîme
Patinée de rides
Virginales, lisses, suspendues

Des tréfonds divins
Comme des maux témoins
Il s'étiole, le vieux, le devin.

Lumière
Clair-obscur
C'est un point
Un point final.

Dans une toile de Maître
Chagrins croisés
Il inverse ses couleurs
C'est une fin de vie

Il se défait
Doucement…
Se découd sous les yeux
Du peintre qui observe

Il s'effiloche alors
Un jet de lumière

Et darde les nuances
De son regard triste
Sous le chapeau noir
Un chagrin de comédie

Il ne peut revivre encore
Car il doit d'abord mourir
Se défaire
Se découdre
Traverser la toile ignorée

Au fond de son abîme
L'abîme qui devient ciel
En dessous
La terre
Terre d'exil
Terre des hommes

Entre ses deux mondes
Le vieux s'élève enfin
Il s'écartèle et se libère
Le vieil homme avait un chapeau noir.

L’hédoniste

Désincarnée
C’est une ombre
Une lumière en cubes
Projetée dans le vide

Giclée de l’ignorance
De tous ces tourments
Sidérés d’intentions

Un rayon s’instaure alors
L’hédoniste
Obscur en son recoin
Sénile et attentif
L’hédoniste se tait

Il contemple les morceaux
Brandit enfin le rayon
Contre nos envies morcelées
Estompées
En pointillés…

Il s’esclaffe alors
Découlant du sinistre
Il célèbre l’absolu
Un plaisir confondu

Debout dans son recoin
Il s'amuse encore
Et l'astre énamouré
S'invite dans la danse

Car enfin pour toujours
Face aux âme chagrines
Aux lugubres fatigués
Il s'écrie en riant :

« Je saupoudre en l'instant
Les plaisirs insensés
Délices extatiques
Dans la vie célébrée

Je suis l'hédoniste
Je combats les sinistres
Et goûte le sucre
Saupoudré d'infini

Entre cubes rayonnants
Je m'efface du mur
Vous prend par la main
Et décroche vos lunes »

Suivons-le…

Le volcan

Des poussières d'interludes
Projettent l'étrange
Comme un souffle enterré
Détache les membres

C'est une spirale
Qui réchauffe les ténèbres
Aiguise les damnés
Souffle et soupire
En la terre écartée

Écartelée comme un corps
La terre
Elle s'adonne à l'envers
S'abandonne
Du magma elle s'écoule
Une lave incandescente
Veinée d'enfer
D'enfer de Dante

Ils sont bousculés
Les damnés du pinceau
La tête à l'envers
Ils saignent des couleurs
Tête-bêche et péché renversé

Car enfin…
Le cycle infernal
Sous l'œil exercé
Fait couler la lave
Et cisaille les agonies

Acheminée en ses courbes
Sinueuses et nonchalantes
La terre encore
Emplit les espaces
Qui rassemblent les Hommes
En une même imposture

Brûlante
Lisse
Égouttée la cire
Endurcie la lave
Elle liquéfie les toupies
Modèle les suppliciés
D'où jaillissent les vides

Ce sont des pirouettes
Brûlantes, étourdies et lacrymales
Qui s'élancent
Se partagent l'air en souffrance
Et se mêlent à la cendre

Offrande et déraison
Une passion putride
S'échappe du brouillard
Les mains projetées
Expient enfin leurs crimes

Les pieds qui s'élancent
Inversent leurs pas
Leur non, leur négation
Détachée de leur tronc
En une gerbe sublime

Ce sont des lambeaux
De remords et de regrets
Qui humectent le cône
La toupie infernale

Puis sous la frange d'âmes
Éhontée, annulée, humiliée
Le cratère se découvre
Et s'efface à jamais
Comme une plainte ultime
En l'écho entonnée.

Mon livre

Chapitre 1

J'ai épousé ma vie
Journée immaculée
Une première histoire
C'est un roman qui s'écrit

Les fleurs éclosent
Dans les chemins rampants
Je donne les lignes
D'un chapitre effleuré
Tout juste ébauché

Chapitre 2

D'une fragile esquisse
Incomplète et bancale
Commence la saison
Qui folâtre en chantant
Et s'effondre en riant

Chapitre 3

Une femme s'élance
Celle des premiers vers
Elle caracole, s'impose alors
Se découvre un instant
Les questions s'enroulent
En l'avenir flamboyant

Chapitre 4

Le parcours s'engage
Un présent effronté
Sa beauté rayonnante
Trente puis quarante
Tisse l'interdit
Se fourvoyer puis lutter
Aimer, surtout

Chapitre 5

Le miroir interroge
Chaque jour davantage
Le regard appuyé
Mime l'indifférence
Et chahute les abondances
Celles qui ne coulent plus

Dans les profondeurs
Pourtant…

L’impatience palpite
Sillons enflammés
Rides imposées
Dans l’avenir inventé

Celui qui jadis
Brûlait les audaces
Des plus téméraires

Celles qui rêvaient
Sans vergogne et sans but
Qu’un jour ou une nuit
Tout s’accomplirait

Car enfin les possibles
Grimés d’intentions
Se font séducteurs
Quand s’écoule le jour

Il faut rêver beaucoup
Enliser les regrets
Fatiguer l’imposture
Des plus vastes routines

Épouser enfin sa vie
Un printemps automnal
Car les saisons magnifiques
Se cachent en la grisaille.

Vers le haut

Une nuée d'oiseaux clairs
Des fils qui s'envolent
Vers le haut

Aspirés vers cette étoile
Qui contemple la terre
En cette aube joyeuse

Le rayon de lumière
Filtre entre les paupières
Les yeux plissés
En la nuit retirée

L'absolu se découvre
Vers le haut
Voyez les fils
Qui relient les lignes

Les formes se fiancent
Courbées vers ces yeux
Ces regards d'enfants

Le vent s'amuse
Couleurs interminables
S'allongent et soupirent
Dans le jour qui s'invite

Tourne la lune
Inverse les frayeurs
Dessine les bonheurs
De ceux que l'on espère

Les fils noués
S'entremêlent encore
S'entrechoquent
Plus que jamais
Vers le haut

C'est une certitude
Doucereuse postérité
En l'instant
Qui s'élève…

Comme un avenir qui s'éveille…

La corde

Sur la corde tendue
Un fondu s'éloigne
Multitude et désespoirs
De l'homme qui se balance
Perd soudain l'équilibre

Ses aveux sanglotent
Pointés vers le vide
Ses phalanges agrippées
Déforment la corde
Noueuse
Nouée
Nous et la nuit
Muscles étiolés
Enroulés
Bifurqués en leurs tendons
Qui lacèrent le cours
Cruel et incertain
D'une vie qui s'effondre

C’est un homme
Un homme en traits
Un homme en faits
Entité cosmique
Déloyale et adultère
Il s’espace en ses maux
S’effile en ses os
Et s’estompe en douleurs

Hautaine et solitaire
La corde vengeresse
Enfante les procès
De ceux qui se taisent

Elle aspire les hauts
De l’homme englué
Qui glisse
Glisse et s’achève
En bas de la page

Mais la corde est fragile
Et ceux qui la tendent
D’inutiles chimères

Car la vie qui trépasse
Se relève soudain
Et invite l’espoir
Qui s’était reculé

Une image décousue
Ressuscite alors
La corde dénouée
Gît sur le sol froid

L'homme se relève
Redécouvre l'inutile
Le futile
Et l'essentiel

Une page immaculée
Éblouit toutes ses peurs
Et abreuve son âme
Qui veut y croire encore

Car il faut repartir
Tresser d'autres liens
Lisser toute la trame
Et réécrire l'histoire

Celle d'une corde
Une corde intrépide
Fallacieuse et fragile
Qui un jour s'est rompue.

Illiade

Une insouciance
Élancée comme un parfum
Liquide et cristalline
Longe les falaises
Les sentiers perdus
Des îles émergées
Aux corps emboîtés

« Perfides ! »
Crions aux oubliés
Près des bains vaporeux
Qui enchantent la robe
Plissent l'air embué
Et s'élancent à nos pieds

Touche la lune
Prisonnière des pages
En son visage ébloui
Touche et conçois !

L'Iliade et ses dieux
Dardés de nos élans
Se frôlent et s'inventent
Dans l'antique Cité

Troie assiégée
Épopée fulgurante
C'est une antique plainte
Une guerre qui s'enlise

Un récit s'invite alors
Par-delà les siècles

Homère ensanglanté
Déploie ses vengeances
Et raye les croyances
Celles des îles inventées
Pour caresser les âmes

Onirique et spectral
Le songe se décroche alors
Ricoche en ces corps nus
Et fleurit les naufragés

L'insouciance interrompue
Va rejoindre Ménélas
Provoque les vaisseaux
De ces dieux boiteux
Aux récits achevés

C'est une myriade étoilée
Qui protégera l'Iliade
De ses lettres vaincues
Dans l'ultime Odyssée.

La bille

Une brutalité fourbe
Sans mesure incitée
Esquinte les souillures
De ces temps insouciants

Frontière insolite
Elle décale encore
Quelques algues rares
Trop agiles pour elle

Une bille vagabonde
Enfante les innocents
Soyeuse en ses nuances
Tranchante en ses lumières
Une bille frôlée
Jamais égalée

Elle incite
Tout au bord
Provoque
Tout au bout
Image bleue
Mortelle icône
C'est une victime
Sur fond d'univers

Moulée en ses fresques
Fiancée des étoiles
Elle brandit aux hommes
Ses sublimes intentions

Il y a une bille
Une bille d'azur
Avide et éphémère
Sans mesure aucune

Elle buvait les erreurs
Moulées dans l'histoire
Les erreurs de ceux
Qui estompent la brume

Dans la bille
Il y a les souffles,
Les haleines
Et les couperets
Il y a les rames
Les rames de fond
Du fond des âges
Ceux des acharnés

Il y a l'écume
Aussi
L'écume des instants
Qui ont tant attendu
Pour détruire la belle

Dans la bille
Il y a la bouteille
Il y a l'ovale
L'ovale de la bouteille
Couchée sur le flanc
Égratignée de honte
Stupeur polluée

Dans la bille malmenée
Qu'épargne le goulot
tangage !
Écorchée la bille !
Forêts poignardées
Océans étouffés
Humanité qui s'oublie

Mais elle tourne
Tourne encore
La bille des barbares
Tourne !
Marron
Marine
Pestilentielle
Si bleue encore
Tourne !
STOP !

Sur le rivage
Un globe
Une bouteille
Et une bille échouée…

Le guerrier

Dans l'habitacle
Je m'inonde
Broutilles d'hirondelles…

Il y a des oursins
Qui me scalpent les pieds
Je m'avance en oublis
Et retombe en chagrins

Affirmer sans décevoir
Quémander sans plus d'espoir
C'est un guerrier qui s'ignore

Dans le champ de sa marge
Il évite les clous
Épouse les squelettes
Et se pend à mon cou

Guerrier sans tain
Qui évite la lumière
Guerrier éteint
Qui guette son étoile
Étoile en vain
Souffrance écoulée
De ses narines infantiles

Guerrier séché de ses armes
Je te prête les miennes

Je vide mes poches et mes cernes
Remplie de tes supplices
Je rampe dans la rigole
Et m'envole en errance

Guerrier perdu
Ému
Foutu
Je te prête mes lignes
Et t'avance mes bras

Guerrier évasé
Évasé comme l'uniforme
Forme unie, unique
Une flaque d'eau

Elle se perd en le trou
Et irrigue nos délices
Des lys
Et des roses
Des hirondelles aussi

Beau guerrier de printemps
Irradie mes dentelles
Incendie mes pétales

Beau guerrier de mes transes
Frotte encore les oursins
Qui m'étranglent les pieds
Que je m'éteigne enfin
Et te donne ma paix.

Ma nuit étoilée

Une ivresse de bleu
Qui roule au firmament
Spirales hystériques
Mouvantes
En cette nuit échevelée

Voyez les habitudes
D'un ciel qui s'affole
Un océan là-haut
Qui souffle et respire

Ce sont des vagues sèches
Qui s'enroulent
Et se déroulent
Sans cesse

On trébuche alors
La tête en l'air
Drogué du bleu vivant
Toujours tournoyant

Regardez les planètes
Les fleurs peut-être
Tournesols de la lune
Pupilles ravissantes

Je m'évanouis
Le regard saoulé de courbes
De couleurs et de fleurs
Qui tournent encore

Quoi ?
Je titube maintenant
Ces toupies d'enfants
Un manège fou
Bousculé des nuées

L'arbre oriflamme
Pointe le déluge
Étourdi de vent
Comme une chevelure

L'église bancale
Une aiguille sans chat
Les maisons s'entrechoquent
C'est le souffle d'en haut

Regardez les lumières
Le village s'endort
Alors baissez la tête
Et partez doucement…

Le miel

Elle immerge de ses pertes
Une essence noyée
Fige la mèche
D'une ruche en désordre

L'abeille s'invite
Aux ébats libertins
D'une chaleur outragée

Ficelée de miel
Elle incendie les pardons
Et englue les famines

Elle hurle un peu
S'enduit plutôt
Tisse enfin son étole

Gracile et bergère
Elle invente ses fils
Et brouille les alcôves
D'une essence naufragée

Tisser
Tisser encore
Qui c'est ?
De l'or ma très jolie
De l'or et des ficelles
Ficelles et poudres de pollen
Dans vos yeux estompés

Astringente en son repère
Elle s'emmêle de ses dons
Se démêle le chignon
Et fait perler son miel

En gouttes il s'éternise
Fait renaître la toile
L'étoile peut-être…

C'est une pincée d'or en son repère.

Coupables

Coupables d'immédiat
Ou de raison
Les énarques fissurés
S'égrènent en biseau

Coupables d'absence
Et de façons
D'irrespect
Et de blasons

Notre dignité s'oblige
Froide
Haute en couleurs
Déjà recouverte

Coupables de Liberté
De Bastille et de Cocarde
Coupables de fractures
Et de rubans

Coupables !
Libérez vos cheveux
Guillotinez vos élans
Bastonnez nos amnésies !

Dissolution de discours
Ascétisme de bûchers
Jeûne d'incompris

Une corruption alors
Investit nos veines
S'injecte en dignités
Et s'estompe en procès

Coupables d'érotismes
Et de poisons
Coupables encore
Par-delà les trêves
Et les lambeaux
Les charniers et les gerfauts
Des poètes lézardés

Coupables d'aimer
Au-delà des briques
Du mur écroulé

Coupables d'instruire
Ou de nourrir
De saigner
Ou d'amender !
Coupables de sertir
Quelques diamants
En leurs palais
De pacotille

Et lorsque le souffle libre
En leurs lèvres s'achemine
Des noms révoltés
S'égrènent en chapitres

Comme une flatterie
D'étoile et de honte

Ce sont quelques armes
Précédées d'un « L ».

La toupie

C'est une toupie
Un jouet de silence
Une errance enjouée
Qui s'abîme en couleurs

L'immédiat
Turbulent et grotesque
Anime les vides
Enroulés et virils
Autour du jeu qui danse

Améthyste
Rubis
Saphir
Désordonné
Des ordonnés
Ceux de la première heure
Réclament vos astuces
Et imitent les offrandes

Le jouet
Tournoie en triangle
Trop de mots
Trop de lettres
Baudelaire et son spleen
Insultent la loi divine
Celle des automates
Qui s'esclaffent et s'animent

Torpilleurs de manèges
Effaceurs de marionnettes
Ils animent le jeu
Le « je »
L'hystérie de l'inutile

Vous qui voyez ceci
Lisez entre les lignes
Et vous valserez encore…

NON

Il craquelle
Un non s'enfuit
NON
L'« O » prisonnier s'éclipse

C'est un cartilage
Qui enrobe le NON
L'enrobe de chair
De noyaux et de fonds

Il brandit nos misères
Lâchc !
Lâche !
Rendez-nous le rond
Écrasé de « N »
Dans le corps défoncé

Au milieu des rongés
Notre NON s'agite
Il se noie dans sa tombe
Creusée par la débâcle

Montre-moi la tienne
Que j'inverse ses bonheurs !
Et filtre ses erreurs !

NON
Pauvre « O » prisonnier
Six lances te dévorent
Aiguise !
Aiguise-toi alors !
Tranche !
Rabote !

Et c'est alors que dans la transe
« O » de nature et de colère
« O » de sève et de sagesse
Tu dicteras au soumis
« M » moi !

Derniers maux

Un escapade littéraire
Serpente en volées
Solitaire et crédule
Elle s'invite aux ébats
Joliment exposés
Sur la page solitaire

C'est un premier acte
Un premier coup
Les corps indignés
S'amendent et se cabrent
Et sombrent à regret
Vers le haut

Fulgurantes inspirations
Noirs sont les couplets
D'une nuit sans partage
Et d'une étrange fuite

Des mots qui s'inventent
Trépassées les charades
Dans le cœur épuisé
Ils soupirent et s'étranglent

L'avis écourté
Indécis et confiant
S'épanche en trémas
C'est une dignité qui se fige
En vain…

Tristesse au sérail
Quand la danseuse au diamant
En quelques élans
S'abrège en errances
Et épouse sa musique

Un tableau se dessine
Illumine les espoirs
Des plus câlines estampes

Regardez les chefs-d'œuvre
Ils ne se trompent pas

Tronçons de maux
Les poings sont liés
Faux
Faux et usage de faux
En la loi bafouée

Un contrat marginal
Autrefois social
Se fond en brimades

Des faits et des gestes
Raturent les fidèles
Rayent les tables divines
Et défigurent les écrits

C’est un aigle
Épris de papier
C’est une cosse
Une cosse en carton
Qui s’évertue encore
À califourchon
Sur l’histoire des Hommes

Rousseau se concerte
Joint ses phalanges abîmées
Agrippe les pupilles
Et conteste en silence

Il y a l’attente
Il y a l’espace
Il y a les cris
Il y a les lambeaux
Confettis en souffrance
De chair et d’avenir
Ils jettent la motte
La première
Enserrée par les livres

L’enfant se déroule alors
De ses ô il s’échappe
Pour refonder demain

Renfrogné
Pugnace
Le forcené altère
Altère les immolés

Force des idées
Dignité des écrits
Droit de l'homme éhonté
Qui fabrique une image
Que l'hédoniste conteste

Comme une charpente effondrée
Le bûcher en ce jour
Secoue sa crinière
Et lèche ses blessures…

Table des matières

Imprimé en Allemagne
Achevé d'imprimer en février 2024
Dépôt légal : février 2024

Pour

Le Lys Bleu Éditions
40, rue du Louvre
75001 Paris